Jutta Oster

Her mit dem bunten Leben

Jutta Oster

Her mit dem bunten Leben!

Wie wir unserem Glück auf die Sprünge helfen

HERDER

FREIBURG · BASEL · WIEN

Inhalt

Einleitung

Herzlich willkommen.
Schön, dass du da bist!

Ein Werkzeugkasten für innere Stärke, gute Gefühle, Zuversicht und Gelassenheit in Zeiten, die ziemlich herausfordernd sind: Das klingt zu schön, um wahr zu sein, oder? Aber genau den hältst du mit diesem Buch gerade in den Händen. Der Werkzeugkasten lädt dich dazu ein, einiges auszumessen und zu überprüfen, ein wenig zu schrauben und zu reparieren, zu justieren und zu verbessern – aber nicht in deinen vier Wänden, sondern in deinem Leben.

Dein Glücksbringer dazu: die Positive Psychologie, die Wissenschaft vom gelingenden Leben. Das Themengebiet hat mich vor rund 20 Jahren gepackt, als ich ein Buch über das Glück geschrieben habe, und begleitet mich bis heute als Journalistin und Gesundheitswissenschaftlerin. Was gibt uns innere Stärke? Woraus können wir nach Krisen wieder neuen Lebensmut schöpfen? Wie gehen wir leichter und gelassener durchs Leben? Was hält uns gesund und glücklich? Das sind die Fragen, mit denen sich die Positive Psychologie befasst. Sie ist ein Zweig der psychologischen Forschung, der kurz vor der Jahrtausendwende in den USA aufgekommen ist und die positiven Kräfte unserer Psyche in den Blick nimmt. Zuvor hatte sich die Psychologie vor allem auf die Heilung seelischer Krankheiten konzentriert. Der Blick hat sich also deutlich geweitet – hin zum Glück. Denn es reicht nicht, dass wir uns nur dann um unsere Seele kümmern, wenn es ihr gerade nicht gut geht.

„Her mit dem bunten Leben!" ist ein praktischer und kompakter, aber fundierter Alltagsbegleiter, ein Ratgeber, den du immer mal wieder aufschlagen kannst, auch wenn du vielleicht gerade nur ein paar Minuten Zeit hast. In zwölf Kapiteln stelle ich dir darin vor, welche Zutaten zu einem erfüllten Leben gehören. Sie sollen Lust darauf machen, sich gut um sich selbst zu kümmern und sich immer wieder kleine Fluchten zu gönnen. Dazu findest du zahlreiche Gedankenanstöße und Übungen, die bodenständig, alltagsnah und wirksam sind. Denn ich bin davon überzeugt: Nur wer selbst stark bleibt, kann auch andere stärken.

Das Werkzeug hältst du also in der Hand. Nur eines kann ich dir nicht abnehmen: Es im Alltag auch aktiv einzusetzen. Denn ich glaube nicht an einfache Versprechungen aus dem Bereich des positiven Denkens, an rosarote Brillen oder an Gläser, die immer halb voll sein müssen. Aber ich glaube daran, dass es uns gelingen kann, glücklich durchs Leben zu gehen. Und ich glaube daran, dass es Spaß macht, spielerisch neue Wege auszuprobieren. Also nimm dein Leben in die Hand und gib ihm mehr Farbe!

Ich wünsche dir ganz viel Freude beim Lesen – und noch mehr beim Umsetzen! Herzlichst,

Jutta Oster

Ein dickes Fell, bitte!

Die innere Widerstandskraft
stärken

Respekt, Mister Edison! Thomas Alva Edison (1847–1931) hat sich von Rückschlägen – und davon gab es in seinem Leben viele – niemals entmutigen lassen. „Ich habe nicht versagt. Ich habe nur 10.000 Wege gefunden, die nicht funktionierten", soll der Pionier einmal gesagt haben. Beim 10.001. Anlauf hat seine Strategie schließlich zum Erfolg geführt: Der US-Amerikaner hat im Laufe seiner Jahre mehr als tausend Patente angemeldet! Eine seiner bahnbrechenden Erfindungen davon ließ der Welt ein Licht aufgehen – die Glühbirne.

Wie kann es gelingen, sich von Rückschlägen nicht unterkriegen zu lassen, ausdauernde Kraft zu beweisen, niemals den Mut zu verlieren? Edison ist das Paradebeispiel für einen Menschen mit außerordentlicher innerer Stärke. Zugrunde liegt diesem Persönlichkeitsmerkmal Resilienz, die Fähigkeit zu psychischer Widerstandskraft als einem Schutzschild unserer Seele. Diesen Schlüsselbegriff (vom lateinischen resilire = zurückspringen, abprallen) haben

Psychologinnen und Psychologen aus der Werkstoffkunde entliehen: Dort steht Resilienz für die Fähigkeit von Materialien, sich unter Druck zwar verformen zu lassen, anschließend aber in ihre ursprüngliche Form zurückzufinden. Übertragen auf die menschliche Psyche bedeutet das: Menschen mit innerer Stärke verkraften Rückschläge leichter und gehen stabiler aus einer Krise hervor. Der Philosoph Albert Camus hat es poetisch formuliert: „Mitten im Winter habe ich erfahren, dass es in mir einen unbesiegbaren Sommer gibt."

Resilienz ist das Immunsystem unserer Seele

Wie findet man diesen unbesiegbaren Sommer in sich? Warum verfügen manche Menschen über ein dickes Fell? Gibt es so etwas wie ein Stehaufmännchen-Gen? Die gute Nachricht ist: Jeder Mensch kann seine innere Widerstandskraft trainieren wie einen Muskel. Dazu macht Dr. Isabella Helmreich Mut. Sie ist Leiterin des Bereichs Resilienz & Gesellschaft am Leibniz-Institut für Resilienzforschung in Mainz. „Resilienz ist dynamisch und veränderbar. Sie lässt sich jederzeit erlernen, bis ins hohe Lebensalter." Das heißt aber auch: Wir sollten sie trainieren, um widerstandsfähiger zu werden. So wie das Immunsystem unseres Körpers gestärkt werden will – durch eine gesunde Ernährung, genügend Schlaf und ausreichend Bewegung –, so müssen wir auch etwas für eine starke Abwehr unserer Psyche tun.

Welche Schutzfaktoren halten unsere Seele gesund? Die US-amerikanische Psychologin Emmy Werner (1929 –2017), die als Begründerin der Resilienzforschung gilt, hat sie ausfindig gemacht. Über mehr als 40 Jahre hinweg begleitete sie rund 700 Kinder, die unter schwierigen Bedingungen auf der hawaiianischen Insel Kauai aufwuchsen. Diese Kinder litten unter Vernachlässigung, Armut und Gewalt. Teilweise entwickelten sie große Probleme, scheiterten etwa in der Schule. Ungefähr ein Drittel aber ging selbstbewusst seinen Weg. Aus diesen Mädchen und Jungen wurden zufriedene und stabile Erwachsene. Ihnen galt Emmy Werners Interesse: Was waren die psychischen Schutzfaktoren, die die schlechten Startbedingungen ausgleichen konnten? Die Psychologin machte gleich mehrere positive Einflüsse aus: Die Kinder suchten sich enge Verbündete außerhalb ihrer Familien, knüpften soziale Netze, und sie glaubten an die eigene Kraft, Schwierigkeiten selbst meistern zu können. Zudem waren sie optimistisch und Neuem gegenüber aufgeschlossen.

Immer wieder gibt es Menschen, die außerordentliche Stärke zeigen und sich durch Schicksalsschläge nicht aus der Bahn werfen lassen. Man denke nur an Nelson Mandela (1918–2013), der fast drei Jahrzehnte lang im Gefängnis auf Robben Island saß und doch seinen Lebensmut nie verlor. Der Friedensnobelpreisträger und ehemalige Präsident kämpfte gegen die Apartheid in Südafrika – mit der Vision einer Gesellschaft, die von Gleichheit und Gerechtigkeit geprägt ist. Oder erinnern wir uns an den Lebensmut des britischen Astrophysikers Stephen Hawking (1942–2018), der sich trotz seiner unheilbaren Krankheit niemals ausbremsen ließ und sich stets seinen Humor bewahrte. Dieser war ihm „eine große Hilfe bei der Erklärung der Rätsel des Universums".

Stress als größte Gesundheitsgefahr des 21. Jahrhunderts

Oftmals sind es gar nicht die großen Schicksalsschläge, die uns zusetzen, sondern die kleinen Ärgernisse des Alltags. Diese vermeintlichen Banalitäten können sich nachgewiesenermaßen zu einer großen Alltagslast summieren. Die Weltgesundheitsorganisation WHO hält Stress für eine der größten Gesundheitsgefahren des 21. Jahrhunderts. Laut Studie der Techniker Krankenkasse „Entspann dich, Deutschland" aus dem Jahr 2021 fühlt sich mehr als ein Viertel der Deutschen häufig gestresst – Frauen noch stärker als Männer. Zu den drei größten Stressfaktoren zählen demnach die Arbeit, hohe Ansprüche an sich selbst und Erkrankungen von Familienangehörigen.

Unser Arbeitsalltag hat sich ungeheuer beschleunigt und verdichtet, die Grenzen zwischen Beruf und Freizeit verschwimmen häufig.

Gerade weil wir oftmals so viel um die Ohren haben, ist es wichtig, im Alltag immer mal wieder kurz innezuhalten und sich selbst einen Moment der Ruhe zu schenken, sich zu fragen: Wie geht es dir gerade? Wie zufrieden bist du auf einer Skala von eins bis zehn? Diese kleinen Bestandsaufnahmen helfen dabei, Stress und Erschöpfung früher wahrnehmen und besser gegensteuern zu können. Denn ebenso wie ein Auto mit leerem Tank ins Stottern gerät, können auch wir Belastungen schlechter abfedern, wenn wir bereits im roten Bereich sind. Beim Auto ist die Sache allerdings klarer – wir fahren zur nächsten Tankstelle. Aber wie tanken wir selbst wieder Kraft für den Alltag? Dabei helfen uns all die Tätigkeiten, die uns Freude machen und sich leicht anfühlen. Was das ist, weißt du vermutlich selbst am besten. Für die eine ist es das Buddeln im Garten, der andere powert sich bei einem langen Lauf durch den Wald aus oder plant schon mal die nächste Reise.

So gut ist meine Batterie heute gefüllt

Es lohnt sich, im Alltag immer mal wieder kurz innezuhalten und sich zu fragen: Wie geht es mir gerade? Diese Bestandsaufnahme ist vor allem dann wichtig, wenn du gerade richtig Stress hast. Nur wenn du negative Gefühle wahrnimmst, kannst du gezielt gegensteuern. Überlege anhand einer Skala von eins bis zehn, wie ausgeglichen du dich heute fühlst. Eins bedeutet „sehr unzufrieden", zehn „sehr zufrieden".

Meine Kraftspender: So tanke ich auf

▷ Im Wald spazieren gehen und dabei tief durchatmen

▷ Mich beim Sport richtig auspowern

▷ In einem Roman versinken

▷ ....

▷ ....

▷ ....

▷ ....

▷ ....

▷ ....

▷ ....

Interview: „Die Kompetenz des 21. Jahrhunderts: Nein sagen können"

Drei Fragen an Dr. Isabella Helmreich, Psychologin und Leiterin des Bereichs Resilienz & Gesellschaft am Leibniz-Institut für Resilienzforschung in Mainz

Sie sagen, dass Widerstandskraft sich wie ein Muskel trainieren lässt. Wie kann das gelingen?

Wir sind bereits Profis in Sachen Stärke und nutzen Tag für Tag Resilienz-Strategien – ohne dass wir uns dessen bewusst sind. Im ersten Schritt lohnt es sich daher, sich diesen Schatz vor Augen zu führen. Packe ich Probleme aktiv an? Schaue ich zuversichtlich in meine Zukunft? Weitere Faktoren beherrschen wir vielleicht, nutzen sie im Alltag aber wenig. Vernachlässige ich etwa mein soziales Netzwerk? Andere Schutzfaktoren fehlen uns ganz. An diesen können wir gezielt arbeiten, zum Beispiel an der Fähigkeit, schöne Augenblicke im Alltag bewusst wahrzunehmen.

Was sind die wichtigsten Schutzfaktoren, damit wir psychisch gesund bleiben?

Besonders wichtig ist soziale Unterstützung. Wir sind auf den Kontakt zu anderen Menschen angewiesen, um seelisch und körperlich gesund zu bleiben. Weitere Schutzfaktoren sind Selbstwirksamkeit, also das Gefühl, dass wir Anforderungen aus eigener Kraft bewältigen können, eine optimistische Grundhaltung und Problemlösekompetenz.

Die Zahl psychischer Erkrankungen steigt. Woran liegt das? Ist uns die Stärke verloren gegangen?

Unser Lebensstil hat sich stark verändert. Wir müssen viel Flexibilität beweisen, sind ständig neuen Reizen ausgesetzt, müssen mit Unsicherheit und hohem Tempo leben. Nicht jeder Mensch steckt das gleich gut weg. Umso wichtiger wird es unter diesen Rahmenbedingungen, gut für sich selbst zu sorgen und Grenzen abzustecken. Aus meiner Sicht ist die größte Stresskompetenz des 21. Jahrhunderts, „Nein" sagen zu können.

„Wenn es einen Glauben gibt,
der Berge versetzen kann,
so ist es der Glaube an
die eigene Kraft."

Marie von Ebner-Eschenbach

5 x mehr innere Stärke

1. **Zuversicht bewahren:** Wer hoffnungsvoll in die Zukunft schaut, weitet seinen Blick und sieht statt Hürden Handlungsspielräume.

2. **Selbstvertrauen stärken:** Gerade in schwierigen Zeiten hilft es, sich bewusst zu machen, welche Krisen man in früheren Zeiten schon bewältigt hat. Diese Rückschau stärkt das Vertrauen in die eigenen Kräfte.

3. **Gut für sich selbst sorgen:** Mit leerem Tank navigiert es sich schlecht durchs Leben. Umso wichtiger ist es, aufmerksam für die Signale des eigenen Körpers zu sein und immer wieder Energie zu tanken.

4. **Ziele setzen:** Realistische, aber herausfordernde Lebensziele, die den eigenen Fähigkeiten und Interessen entsprechen, machen Lust auf Weiterentwicklung und stärken das Gefühl der Selbstwirksamkeit.

5. **Kontakte pflegen:** Enge Verbindungen zu anderen Menschen gehören zu den wichtigsten Kraftquellen überhaupt. Sie tragen auch durch schwierige Zeiten.

Studie: Wer's glaubt, wird selig!

Auch wenn der Satz oft mit ironischem Unterton verwendet wird: Wer glaubt, wird tatsächlich selig, wie das Sozio-oekonomische Panel (SOEP) belegt hat. Die Langzeitstudie zeigt: Menschen mit einem festen Glauben, die sich überdies für andere einsetzen und familienorientiert denken, sind zufriedener mit ihrem Leben. Auch der Wiener Psychiater Raphael Bonelli hat den Zusammenhang von Religion und psychischer Gesundheit untersucht und kommt gegenüber dem Magazin „Spiegel" zu dem Schluss: „Wenn Religion eine Pille wäre, dann wäre sie heute wohl als Medikament zugelassen."

Der Booster für mehr Selbstbewusstsein

Du hast deine Stärke selbst in der Hand – im wahrsten Sinne des Wortes. Die Fünf-Finger-Technik stärkt dein Selbstbewusstsein. Und die funktioniert ganz einfach: Suche dir einen ruhigen Platz, schließe die Augen, atme einige Male tief ein und aus und richte dann die Aufmerksamkeit auf deine Hand. Berühre mit dem Daumen den Zeigefinger und denke dabei an einen glücklichen Moment deiner Kindheit. Dann wanderst du mit dem Daumen zum Mittelfinger und erinnerst dich an etwas, das du aus eigener Kraft erreicht hast. Weiter geht es mit dem Ringfinger, bei dem du dir überlegst, was du für einen anderen Menschen getan hast. Anschließend wechselst du zum kleinen Finger und denkst an einen Augenblick, in dem du gut für dich selbst gesorgt hast. Lasse dir bei der Übung Zeit und genieße die Erinnerungen, die in dir aufsteigen.

Zeitstrahl-Übung: Meine Stärke-Biografie

Das Leben schreibt bekanntlich die spannendsten Geschichten – und das geht nicht immer ohne Krisen, Konflikte und Hürden. Wann habe ich Stärke bewiesen? Und welcher meiner Schutzfaktoren ist dabei zum Zuge gekommen? Das können innere Faktoren sein, zum Beispiel Charakterstärken, aber auch äußere Faktoren, etwa Men-

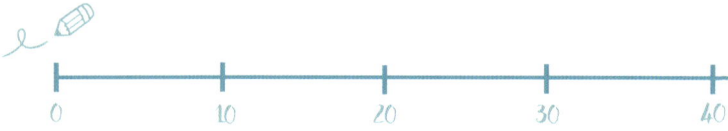

schen, die dir zur Seite gestanden haben. Um dir diese positiven Wendepunkte in Erinnerung zu rufen, trage nicht nur in Gedanken, sondern gerne auf diesem Zeitstrahl ein, was du in deinem Leben schon bewältigt hast und was bzw. wer dir dabei geholfen hat.

Ein Schutzmantel für die Seele

Erste Hilfe für Situationen, in denen du dich verunsichert oder verletzt fühlst: Stelle dir vor, wie du in einen unsichtbaren Schutzmantel schlüpfst, in dem dir niemand mehr etwas anhaben kann. An diesem Mantel prallen Störungen von außen, Kränkungen … einfach ab. Ziehe dir in Gedanken den Schutzmantel in den nächsten Wochen öfter einmal über, damit du mit diesem Instrument vertraut bist und es dann sofort einsetzen kannst, wenn du es brauchst.

60   70   80   90   100 Jahre

Die Top 10 meiner Stärken

Bescheidenheit ist eine Zier? Ja klar, aber ohne sie kommt man bekanntlich weiter. Es ist wichtig, sich der eigenen Stärken bewusst zu sein. Deshalb Hand aufs Herz: Was kannst du besonders gut? Gute Laune verbreiten, bei Konflikten vermitteln oder Optimismus ausstrahlen? Schreib dir deine zehn wichtigsten Stärken auf. Das fällt dir schwer? Dann überlege mal, was dein Partner, deine Partnerin oder eine gute Freundin, ein guter Freund an dir besonders schätzt. Es kann dir auch helfen, dich an Erfolge zu erinnern und zu überlegen, welche Fähigkeiten dir dazu verholfen haben.

1 ....

2 ....

3 ....

4 ....

5 ....

6 ....

7 ....

8 ....

9 ....

10 ....

Ziemlich beste Freunde

Warum wir Verbindungen zu anderen Menschen brauchen

Die Schauspielerin Marlene Dietrich hat auf den Punkt gebracht, worauf es in Sachen Freundschaft wirklich ankommt: „Die Freunde, die man um vier Uhr morgens anrufen kann, die zählen." Keine Frage, wir brauchen enge Freundinnen und Freunde, um ein gutes und erfülltes Leben führen zu können. Menschen, die uns nahestehen, machen das Leben reicher, sie vermitteln uns Wärme und Geborgenheit. Der Berliner Psychologe und Freundschaftsexperte Dr. Wolfgang Krüger ist überzeugt: „Gute Freunde geben uns ein Gefühl der Sicherheit. Sie bewirken, dass sich um uns herum ein unsichtbarer Schutzwall aufbaut, der unsere Seele und unseren Körper umgibt."

Die Basis fürs Glück: tragfähige Beziehungen

Gute Freundinnen und Freunde schenken uns aber nicht nur Sicherheit. Sie sind auch ein wichtiger Faktor auf dem Weg zum Glück, US-amerikanischen Glücksforschern

Wichtig bei diesen Treffen ist es, ehrliches Interesse am anderen zu zeigen, zum Beispiel durch Fragen, die man seinem Gegenüber stellt – und durch aufmerksames Zuhören. Eine Freundschaft gewinnt dann an Tiefe, wenn zwei Menschen sich nicht nur über Alltagsthemen austauschen, sondern über das, was sie gerade wirklich bewegt, das „Eingemachte" also. Dazu zählen Sorgen, aber auch Glücksmomente, Lebensziele und Werte. Das setzt Ehrlichkeit und Offenheit voraus, außerdem Vertrauen, das sich nach Einschätzung des Freundschaftsexperten meist nach etwa zwei Jahren gefestigt hat. Ebenso wichtig wie der regelmäßige Austausch ist gegenseitige praktische Hilfe, denn eine Freundschaft muss sich auch im Alltag bewähren.

Gute Freundinnen und Freunde nerven auch mal, zeigen Macken und Kanten, denn zu jeder Freundschaft gehören Schwankungen, gehört die Bereitschaft, auch die Unzulänglichkeiten des anderen zu tolerieren. Wenn die Beziehung eng ist, wenn sie grundsätzlich von Wertschätzung und Anerkennung getragen wird, kann man kleine Ärgernisse wie Unpünktlichkeit oder Unzuverlässigkeit ruhig offen ansprechen. Das gelingt umso leichter, je besser man sich selbst kennt und sich kleine Fehler verzeihen kann – sich also selbst ein guter Freund ist.

„Der **beste Weg,** einen Freund zu haben, ist der, selbst einer zu sein."

Ralph Waldo Emerson

Schon gewusst?

Wie wichtig Verbundenheit ist, haben auch die Vereinten Nationen erkannt und im Jahr 2011 den Internationalen Tag der Freundschaft ausgerufen. Er wird jährlich am 30. Juli begangen. Dabei geht es nicht nur um die Freundschaft der Menschen untereinander, sondern auch um die zwischen Ländern und Kulturen.

Der Check: Mein soziales Netzwerk

Wie ist es um deinen Freundeskreis und – weiter gedacht – um dein soziales Netzwerk bestellt? Es wäre gut, in mindestens drei Bereichen des Lebens auf andere Menschen zählen zu können, beispielsweise innerhalb der Familie, unter Freunden, im Job, in der Nachbarschaft, im Sportstudio oder Verein … Trage in die Kreise die Namen der Menschen ein, die dir einfallen. Sollte dir das schwerfallen, ist es vielleicht Zeit, vermehrt auf andere zuzugehen und neue Kontakte zu knüpfen, zum Beispiel über gemeinsame Interessen wie Singen, Kochen oder Fotografieren.

Dazu rät auch die American Psychological Association, ein Fachverband für Psychologie: „Knüpfen Sie Kontakte.

Gute Beziehungen zu nahen Familienangehörigen, Freunden oder anderen Menschen sind wichtig. Es stärkt Ihre Widerstandskraft, Hilfe und Unterstützung von Menschen anzunehmen, denen Sie etwas bedeuten. Ebenso profitieren auch Sie davon, wenn Sie anderen Menschen helfen."

Die Macht der Seelenruhe

Gelassen durchs Leben gehen

*S*eelenruhe: Dieses etwas antiquierte Wort übt auf mich eine große Faszination aus. Wie schön es wäre, seelenruhig durchs Leben gehen zu können! Als „Gemütsruhe" oder „unerschütterliche Ruhe" umschreibt der Duden das Wort. Von Gemütsruhe bin ich leider – Hand aufs Herz – im Alltag oft meilenweit entfernt. Zum Beispiel dann, wenn sich die Arbeit auf meinem Schreibtisch stapelt, ich dem Handwerker zum fünften Mal hinterhertelefoniere oder Post vom Finanzamt im Briefkasten landet. Die meisten Menschen kämpfen wohl mit den „Daily hassles", wie Psychologen die kleinen Widrigkeiten des Alltags nennen.

Auch Sabine Asgodom, Management-Trainerin und Autorin, gibt offen zu, dass sie früher nicht gerade die Ruhe in Person war: „Um ehrlich zu sein, war ich die Frau mit zwei Macheten in der Hand. Pam, pam, meine Feinde fielen zu Boden. Allerdings wird man dabei sehr einsam. Denn auch Freunde ziehen sich verschreckt zurück. Aber mehr als das: Jedes Mal löste das Sichaufregen einen Adrenalinschub aus – schlecht fürs Herz, schlecht für den Magen, schlecht für die Leber." Irgendwann merkte Sabine Asgodom, dass die Aufregung sie viel Energie kostete, aber wenig veränderte. Seitdem gelingt es ihr, mit mehr Leichtigkeit und Ruhe durchs Leben zu gehen.

Warum ein kühler Kopf so wichtig ist

Gelassenheit ist ausgesprochen wichtig, denn: Wer locker bleibt, bewahrt sich einen kühlen Kopf und kann auch dann noch besonnen reagieren, wenn es mal dicke kommt. Wer dagegen die Waffe auspackt, blockiert sich selbst, trifft falsche Entscheidungen und verletzt womöglich sein Gegenüber – was alles nur noch komplizierter macht. „Der Gelassene nützt seine Chance besser als der Getriebene", schrieb der amerikanische Schriftsteller Thornton Wilder.

Manchmal ist das allerdings leichter gesagt als getan. Das Lebenstempo hat deutlich zugenommen, immer mehr Reize strömen täglich auf uns ein. Dennoch lässt sich Gelassenheit trainieren. Eine wichtige Zutat: Großzügigkeit – mit sich selbst und mit anderen. Wer seinen eigenen Perfektionismus zügelt und auch an andere keine überhöhten Ansprüche stellt, geht mit leichterem Gepäck durchs Leben. Dabei hilft es, sich klarzumachen, dass im Begriff Gelassenheit das kleine Wörtchen „lassen" steckt. Gelassenheit kann auch bedeuten, einfach mal was wegzulassen (zum Beispiel den Hausputz!) oder zuzulassen, dass eine Sache anders läuft als erwartet – mitunter auch: unerreichbare Ziele loszulassen.

Ein wesentlicher Schlüssel zur Gelassenheit ist eine große Portion Humor. Er kann helfen, so manche brenzlige Situation zu entschärfen und Abstand zu gewinnen. „Wir sollten lernen, über unsere Ängste zu lachen", fordert der Philosoph Alain de Botton uns auf.

Gelassenheit bedeutet aber nicht, das Steuer des Lebens aus der Hand zu geben und alles nur noch auf sich zukommen zu lassen. Vielmehr geht es um die feine Unterscheidung, worauf ich selbst Einfluss habe und worauf nicht. Das ist im Gelassenheitsgebet des Theologen Reinhold Niebuhr treffend formuliert: „Gott, gib mir die Gelassenheit, Dinge hinzunehmen, die ich nicht ändern kann, den Mut, Dinge zu ändern, die ich ändern kann, und die Weisheit, das eine vom anderen zu unterscheiden."

„Die *Gelassenheit*
ist eine anmutige Form
des Selbstbewusstseins."

Marie von Ebner-Eschenbach

Das ABC der guten Laune

Fühlst du dich gerade angespannt? Diese kleine Übung hilft dir dabei, wieder herunterzukommen. Dafür suchst du dir einen beliebigen Anfangsbuchstaben aus und überlegst dir mit diesem fünf Dinge, die dir gute Laune machen. Zum Beispiel S wie Sonne, Skatenacht, Streuselkuchen, Schneemann, Sternenhimmel. Und jetzt bist du an der Reihe …

....

....

....

....

....

39

Für mehr Gelassenheit: Mach mal Pause!

Drei Entspannungstipps für erholsame Auszeiten:

1. **Gegensätze ziehen sich an:** Eine Pause wirkt dann, wenn sie sich von der Routine unterscheidet. Also: Wer viele Kontakte im Berufsalltag hat, sucht sich einen Rückzugsort, Einzelkämpfer nehmen sich willentlich Zeit für ein Gespräch mit den Kollegen, und Bildschirmarbeiter gönnen ihrem schmerzenden Nacken eine bewegte Auszeit – einen Spaziergang in der Natur oder auch nur um den Block.

2. **Viel hilft viel:** Spätestens nach 90 Minuten ist unsere Konzentrationsfähigkeit nachweislich erschöpft. Deshalb sollten wir im Verlauf des Arbeitstages viele kleine Fünf-Minuten-Pausen einschieben – zusätzlich zu einer größeren Mittagspause.

3. **Einfach mal abschalten:** Nein, den Geist entspannt es nicht, von Bildschirm zu Bildschirm zu wechseln, den Rechner also in der Pause gegen das Handy zu tauschen. Deshalb: einfach mal abschalten!

Interview: „Gelassenheit ist eine Lebenseinstellung"

Drei Fragen an Sabine Asgodom, Management-Trainerin, Coach und Autorin

Lässt sich Gelassenheit trainieren – oder gibt es so etwas wie ein Gelassenheits-Gen?

Wir denken oft, dass Gelassenheit ein Charakterzug ist. Ich glaube das nur bedingt. Natürlich hängt das auch vom Temperament ab, bei manchen schießt das Adrenalin schneller und höher. Nach meiner Erfahrung ist Gelassenheit aber eine Lebenseinstellung: Wenn ich will, rege ich mich auf. Wenn ich nicht will, lasse ich es. Wir können uns bewusst dafür entscheiden, gelassener durchs Leben zu gehen.

Wie kann es gelingen, ruhiger und entspannter zu werden?

Wenn jemand mit Tempo 60 auf der Landstraße vor mir her schleicht, hat er einen Grund dafür. Ich kenne ihn nicht, vielleicht teile ich ihn nicht. Aber es ist sinnlos, sich darüber aufzuregen. Der wichtigste Gedanke dabei ist: Das macht sie oder er nicht, um mich zu ärgern, zu kränken oder in den Irrsinn zu treiben. Mir hat auf meinem Weg zur Gelassenheit geholfen zu verstehen, dass wir Menschen uns in gewisser Hinsicht gleichen und in anderer unterscheiden.

Kennen Sie einen Tipp, um sich selbst in stressigen Momenten schnell wieder zu erden?

Mir hilft die Übung „Drei Minuten blöd vor mich hingucken". Das heißt, sich kurz der Belastung zu entziehen. Sich irgendwo ungestört hinsetzen und einfach – auf Unschärfe gestellt – vor sich hin schauen. Nichts wollen, nichts darstellen, einfach da sein. Die Gedanken kommen und gehen lassen. Die drei Minuten helfen dabei, aus der Anspannung herauszukommen und durchzuschnaufen. Das gilt für die Mutter, die gerade Streit unter ihren Kindern schlichten musste, wie für die Angestellte, die sich über Kollegen oder Führungskräfte geärgert hat.

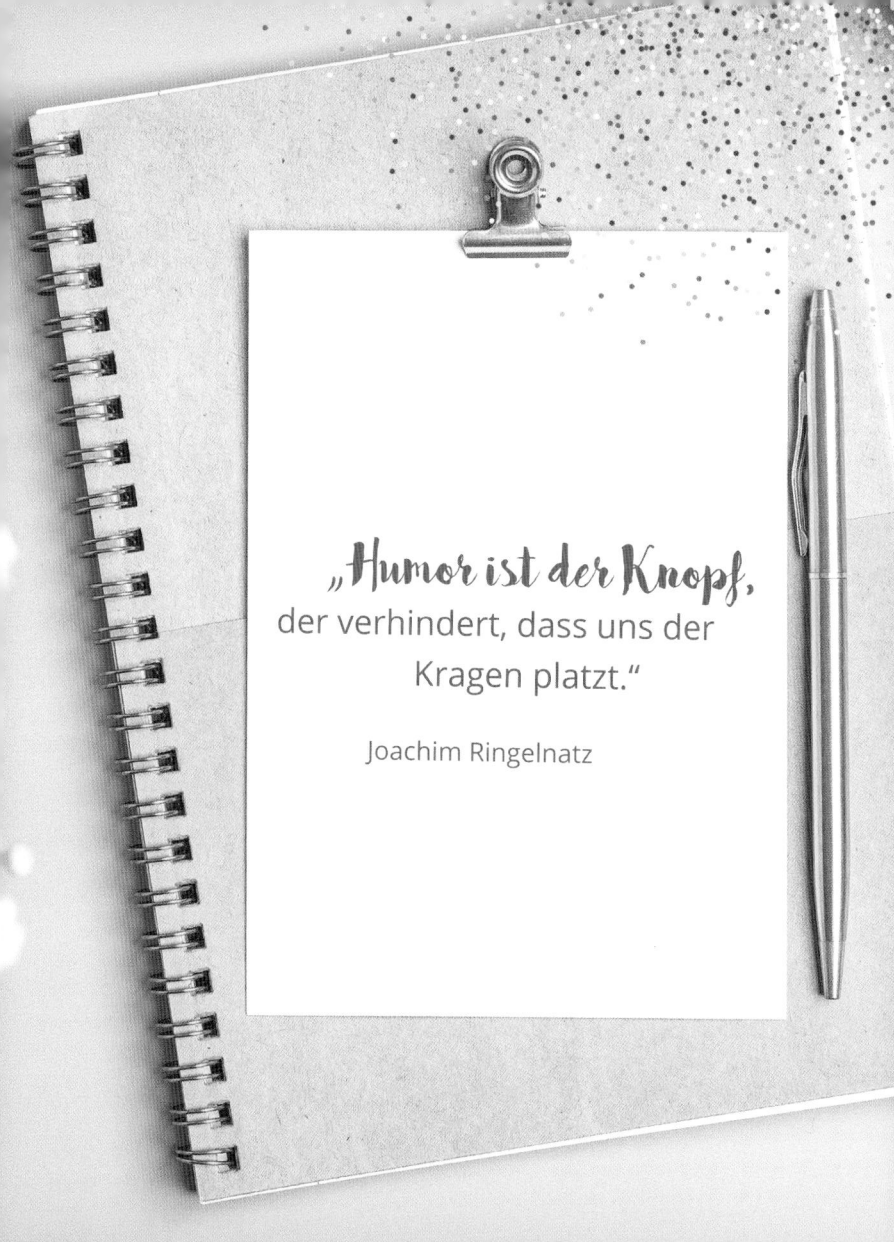

„Humor ist der Knopf,
der verhindert, dass uns der
Kragen platzt."

Joachim Ringelnatz

Erhol dich!

Gegen den Stress: Kleine Übungen mit großer Wirkung

8x Erste Hilfe, wenn es in deinem Leben gerade stürmisch zugeht

1. Die Gedanken sind frei!

Du machst einen Kurzurlaub – aber nur in der Fantasie. Stelle dir einen Lieblingsort vor, der dir von einer deiner letzten Reisen in Erinnerung geblieben ist, zum Beispiel den Traumstrand in Portugal, die Bergwiese in Österreich, den lauschigen Dorfplatz in Südfrankreich. Versetze dich gedanklich an diesen Ort und male dir alles ganz genau aus: Was gibt es dort zu sehen, wie ist das Licht? Was hörst du? Wie riecht es? Was fühlst du? Je genauer du dir alles vorstellst, desto besser wird es dir gelingen, dich zu erholen. Nach ein paar Minuten reist du zurück in die Wirklichkeit.

2. Energie-Booster

Die Wechselatmung, ein Klassiker aus dem Yoga, schenkt dir schnell neue Energie. Und so funktioniert die Übung (klingt komplizierter, als es ist, du hast den Dreh sicher schnell heraus!): Mit dem Daumen der rechten Hand hältst du dir das rechte Nasenloch zu. Zeige- und Mittelfinger beugst du zur Handfläche, Ringfinger und kleinen Finger streckst du aus. Dann atmest du etwa vier Sekunden lang tief durch das linke Nasenloch ein, drückst den Ringfinger an das linke Nasenloch, hältst einen Augenblick die Luft an und atmest dann über das rechte Nasenloch acht Sekunden lang aus. Anschließend rechts einatmen usw. Verwende diese Atemtechnik so lange, bis du dich erfrischt fühlst.

„Es gibt **Wichtigeres im Leben,** als beständig dessen Geschwindigkeit zu erhöhen."

Mahatma Gandhi

3. Yoga zum Ausprobieren

Versuche einmal die folgenden Übungen:

Das Kind (für den unteren Rücken): Geh mit geschlossenen Beinen in den Fersensitz, beuge deinen Oberkörper nach vorn und berühre mit deiner Stirn den Boden (oder ein Kissen). Lege die Arme locker neben deinem Körper ab. Atme tief ein und aus und bleibe mindestens 30 Sekunden in dieser Position.

Der herabschauende Hund (entspannt den Rücken und kräftigt Arme, Beine und Schultern): Gehe auf einer Yogamatte oder einer anderen rutschfesten Unterlage in den Liegestütz, presse deine Hände fest auf den Boden und schiebe das Gesäß nach oben, sodass dein Körper ein Dreieck bildet. Du kannst die Knie dabei leicht beugen.

Halte diese Position einige Zeit, atme dabei tief ein und aus und gehe anschließend auf die Knie.

Das Krokodil (hält den unteren Rücken beweglich): Lege dich auf einer weichen Unterlage flach auf den Rücken und strecke die Arme zur Seite aus, sodass sie einen rechten Winkel zum Körper bilden. Ziehe die Beine an und lasse sie sanft zu einer Seite fallen. Drehe den Kopf dabei auf die andere Seite und achte darauf, dass beide Schultern auf dem Boden bleiben. Halte einen Moment inne und wechsle dann die Seite (wiederhole diese Übung zu jeder Seite mindestens dreimal und mache sie erst, wenn du schon aufgewärmt bist).

4. Entspannen nach Jacobson

Wir brauchen beides – die Anspannung ebenso wie die Entspannung. Auf dieser Überzeugung fußt auch das Prinzip der Progressiven Muskelentspannung, die der Arzt Edmund Jacobson entwickelt hat. Für dich hier einmal die Kurzfassung: Du setzt oder legst dich bequem hin, schließt die Augen und konzentrierst dich auf deinen Atem. Dann spannst du gleichzeitig all deine Muskeln an – in Gesicht, Bauch, Po, Schultern, Händen, Armen, Beinen und Füßen – so lange, wie du kannst, dann lass los. Spür kurz nach, wie sich dein Körper jetzt anfühlt. Du kannst die Übung noch zweimal wiederholen. Zum Schluss ballst du die Hände zu Fäusten, atmest einige Male tief ein und aus und streckst und reckst dich.

5. Meditieren leicht gemacht

Meditation tut Geist und Körper gut, das ist inzwischen vielfach wissenschaftlich bewiesen. Das Gute daran: Du brauchst dazu nicht mehr als einen ruhigen Ort und ein paar Minuten Zeit für dich. Und so geht die Kurz-Meditation: Setz dich in bequemer Haltung auf den Boden oder einen Stuhl. Dann schließe deine Augen und versuche, bewusst wahrzunehmen, wie es dir gerade geht. Atme dabei ganz ruhig durch die Nase ein und aus. Achte darauf, wie die Luft tief in deinen Bauch strömt, wie sich die Bauchdecke spürbar hebt und senkt. Konzentriere dich ganz auf deine Atembewegungen. Falls du mit deinen Gedanken abschweifen solltest, nimm es gelassen und wende dich wieder deiner Atmung zu. Am Anfang startest du mit fünf Minuten, mit etwas Übung kannst du die Meditation auf 15 Minuten ausdehnen.

6. Kleiner Körpercheck

Für die Übung „Body Scan" legst du dich auf den Rücken, schließt die Augen und spürst in dich hinein. Wie fühlt sich dein Körper gerade an? Gedanklich wanderst du von den Füßen bis zum Kopf und achtest dabei auf jedes Signal deines Körpers.

7. Achtsam gehen

Diese Übung lässt sich wunderbar mit einem kleinen Spaziergang verbinden und erfrischt damit gleich doppelt. Suche dir einen ruhigen Ort im Grünen, zum Beispiel einen Park. Dort setzt du ganz langsam einen Fuß vor den anderen und nimmst jeden Schritt bewusst wahr – ebenso wie deine Umgebung. Dabei atmest du ruhig und gleichmäßig ein und aus.

Schon gewusst?

Am besten regelmäßig ab ins Grüne! Denn dafür gibt es gute Gründe: Einer Studie des Max-Planck-Instituts zufolge reduziert bereits ein einstündiger Spaziergang in der Natur unseren Stresslevel enorm.

8. Training für die Sinne

- Zähle fünf Dinge auf, die du sehen kannst.
- Nenne vier Dinge, die du fühlen kannst.
- Beschreibe drei Dinge, die du hören kannst.
- Nenne zwei Dinge, die du riechen kannst.
- Beschreibe eine Sache, die du schmecken kannst.

....

....

....

....

....

....

Jetzt bin ich mal an der Reihe!

Wie du gut für dich selbst sorgst

Ist Selbstfürsorge ein Egotrip? Von wegen! Wie notwendig sie ist, lernt man bei jedem Flug – immer dann, wenn die Stewardess erklärt, was im Falle eines plötzlichen Druckverlustes in der Kabine zu tun sei: erst sich selbst die Sauerstoffmaske aufsetzen, die von der Decke fällt, und erst dann Kindern und anderen Mitreisenden helfen. Denn: Nur wer selbst noch handlungsfähig ist, kann auch andere unterstützen.

Doch vielen Menschen – gerade Frauen – fällt es schwer, sich selbst ernst zu nehmen und gut für sich zu sorgen. Da sind die unzähligen, zeitraubenden Aufgaben des Alltags: der Job, die Kinder, der Haushalt, die Eltern und Schwiegereltern, der Verein, das Ehrenamt … Und dazu kommt häufig noch der Anspruch an sich selbst, alles perfekt zu machen. Oft wirken auch Glaubenssätze nach, die wie Überbleibsel aus den 1950er-Jahren klingen, aber noch immer unser Denken bestimmen, zum Beispiel: „Erst die Arbeit, dann das Vergnügen" oder – aus einem Poesiealbum: „Sei immer fleißig und bescheiden, so mag dich jeder gerne leiden."

Selbstfürsorge ist nicht Kür, sondern Pflicht

Wer sich aber selbst aus den Augen verliert, läuft Gefahr, das früher oder später an Körper und Seele zu spüren. Typische Signale für Überforderung: Wir werden gereizt, nervös und dünnhäutig, unsere Gedanken drehen sich im Kreis und die Lebensfreude schwindet. Oder wir verspüren Kopfschmerzen, Muskelverspannungen und Ohrgeräusche. Im Extremfall kann daraus ein Burn-out entstehen. Umso wichtiger ist es, gut auf sich selbst aufzupassen und mit den eigenen Kräften zu haushalten. „Selbstfürsorge ist nicht die Kür, sondern die Pflicht, wenn es um unsere Gesundheit und unser Wohlbefinden geht", sagt die Münchner Ärztin und Autorin Dr. Tatjana Reichhart.

Wie kann es gelingen, mit sich selbst besser umzugehen? Entscheidend ist dabei die innere Haltung: Ich darf mir selbst erlauben, für mich da zu sein, meine Bedürfnisse zählen auch. Es geht dabei nicht darum, ausschließlich um sich selbst zu kreisen – ein häufiger Vorwurf an die Vertreter der Selbstfürsorge –, sondern darum, sich selbst ebenso wichtig zu nehmen wie alle anderen. Wie wichtig Selbstfürsorge ist, weiß schon die Bibel: „Du sollst deinen Nächsten lieben wie dich selbst" (Levitikus 19,18).

Viele Menschen haben das Gefühl dafür verloren, wann sie überlastet sind. Ihnen kann es helfen, im Alltag immer mal wieder innezuhalten und sich selbst zu fragen: Wie geht es mir? Was brauche ich gerade? Solche kleinen Auszeiten lassen sich wie Ankerplätze in den turbulenten Alltag einbauen, zum Beispiel kannst du sie gedanklich mit dem Gang zur Kaffeemaschine oder dem regelmäßigen Lüften verbinden. Hilfreich kann auch ein kleiner Reminder am Spiegel oder Schreibtisch sein.

Selbstfürsorge heißt aber auch, sich die Zeit zu nehmen, den eigenen Energiespeicher wieder zu füllen. Erfahrungsgemäß fällt solche Me-Time dem Trubel des Alltags jedoch als Erstes zum Opfer. Deshalb: Termine mit sich selbst am besten in den Kalender eintragen und genauso zuverlässig wahrnehmen wie berufliche Verpflichtungen und Verabredungen mit Freunden.

15 x Selbstfürsorge zum Ausprobieren

1. Barfuß über eine Wiese laufen
2. Ein heißes Bad bei Kerzenschein und schöner Musik nehmen
3. Im Kino oder Fernsehen eine Komödie anschauen
4. Einen Sofaabend mit einem guten Buch verbringen
5. Sich selbst ein Geschenk machen (zum Beispiel mit einem tollen Duft oder einem kleinen Blumenstrauß)
6. Früh ins Bett gehen und sich mal so richtig ausschlafen
7. Im See oder Schwimmbad einige Bahnen ziehen
8. Gute-Laune-Musik hören
9. Das eigene Lieblingsgericht kochen
10. Fünf Minuten tagträumen
11. Eine Wellness-Massage buchen
12. Sich selbst loben, anlächeln oder auf die Schulter klopfen
13. Die Abendsonne auf dem Balkon oder im Park genießen
14. Tanzen gehen
15. Bei einer Tasse Tee oder Kaffee die Fotos vom letzten Urlaub anschauen

„Sich selbst zu *lieben*,
ist der Beginn einer
lebenslangen Romanze."

Oscar Wilde

TEST: Wie gut passt du auf dich selbst auf?

Beantworte die folgenden zehn Fragen so ehrlich wie möglich, dann wirst du schnell feststellen, wo es in Sachen Selbstfürsorge noch Luft nach oben gibt.

1. Wie gut kümmere ich mich um meine Grundbedürfnisse wie Schlafen, Essen und Trinken?
2. Bewege ich mich in meinem Alltag genügend?
3. Nehme ich mir Zeit für regelmäßige Pausen im Job? Kenne ich meine Stress-Signale?
4. Gibt es ausreichend Entspannungsphasen zum Auftanken in meinem Leben? Welche Art von Entspannung liegt mir?
5. Nehme ich mir Zeit für die Pflege von Freundschaften?
6. Bin ich bereit, auch Hilfe von außen anzunehmen?
7. Kann ich so leben, wie ich selbst es mir wünsche – gemäß meinen Vorstellungen und Werten?
8. Weiß ich, was ich kann und wie ich meine Stärken am besten einsetze?
9. Kann ich mich selbst beruhigen und meine Gefühle in den Griff bekommen?
10. Gelingt es mir, mich von anderen und deren Erwartungen hinlänglich abzugrenzen?

....

....

....

....

....

....

....

....

....

....

Eine kleine buddhistische Geschichte: „Der Sprung in der Schüssel" – Nicht perfekt und gerade deshalb genau richtig!

Es war einmal eine alte Frau, die zwei große Wasserschüsseln besaß. Diese hingen von den Enden einer Stange, die sie über ihren Schultern trug. Eine der Schüsseln hatte einen Sprung, während die andere makellos war und stets eine volle Portion Wasser fasste. Am Ende der täglichen Wanderung vom Fluss zurück zum Haus war die Schüssel mit dem Riss dagegen immer nur noch halb voll.

Die perfekte Schüssel war sichtlich stolz auf ihre Leistung, die Schüssel mit dem Sprung hingegen war betrübt darüber, dass sie nur die Hälfte dessen verrichten konnte, wofür sie gemacht worden war. Nach zwei Jahren, die ihr wie ein endloses Versagen vorkamen, sagte diese Schüssel zu der alten Frau: „Ich schäme mich so wegen meines Sprungs, aus dem den ganzen Weg zu deinem Haus Wasser läuft." Da lächelte die alte Frau und antwortete: „Ist dir aufgefallen, dass auf deiner Seite des Weges Blumen blühen, auf der Seite der anderen Schüssel aber nicht? Ich habe auf deiner Seite des Pfades Blumensamen gesät, weil ich mir deines Fehlers bewusst war. Du hast sie

unbemerkt jeden Tag gegossen und so konnte ich diese wunderschönen Blumen pflücken und den Tisch dieser kargen Hütte damit schmücken. Wenn du nicht genau so wärst, wie du bist, würde diese Schönheit nicht existieren und unser Haus beehren."

(Verfasser unbekannt)

„Danke!" sagen

Warum der Blick auf die Haben-Seite glücklich macht

*D*ankbarkeit ist wie ein Scheinwerfer, der den Blick auf das Gute lenkt, wie ein Brennglas, das uns glückliche Augenblicke klarer erkennen lässt, wie ein Verstärker, der uns hellhöriger für Lebensfreude macht: Dankbarkeit ist eine kraftvolle Ressource. Kein Wunder, dass die Positive Psychologie sie in den letzten 20 Jahren zum Gegenstand vielzähliger Untersuchungen gemacht hat.

Doch was ist Dankbarkeit eigentlich – eine Charaktereigenschaft, eine Lebenseinstellung, eine Fähigkeit? Dirk Lehr, Professor für Gesundheitspsychologie an der Leuphana-Universität Lüneburg, bringt es auf den Punkt: „Dankbarkeit meint die Wahrnehmung und Wertschätzung des Guten im Leben." Damit gründet sie sich auf weit mehr als auf eine bloße Höflichkeitsformel, ein achtlos dahingemurmeltes „Danke" – das sogenannte Zauberwort, auf das schon kleine Kinder getrimmt werden. Wahre Dankbarkeit ist vielmehr ein tief empfundenes positives Gefühl, ausgelöst durch etwas, das uns vom Leben oder einem anderen Menschen geschenkt wird. Das muss nicht zwingend etwas Großes sein. Es kann der Sonnenstrahl sein, der am Morgen ins Schlafzimmer scheint, die erste eigene Tomatenernte vom Balkon, ein Kompliment des Partners oder eine Blume am Wegesrand. Wichtig ist nur, dass wir diese Augenblicke aufmerksam wahrnehmen.

„Die Wurzel der Freude ist Dankbarkeit"

Wenn man sich mit dem Wesen der Dankbarkeit befasst, stellt sich automatisch die Frage nach Ursache und Wirkung: Was war zuerst da – die Henne oder das Ei? Empfinden Menschen Dankbarkeit, die viel Glück im Leben haben? Oder sind die besonders glücklich, die dankbar durchs Leben gehen? Der britische Staatsmann Francis Bacon hat darauf seine Antwort gefunden: „Nicht die Glücklichen sind dankbar. Es sind die Dankbaren, die glücklich sind." Und auch der österreichisch-amerikanische Benediktinermönch David Steindl-Rast, der sich intensiv mit der Dankbarkeit beschäftigt, sagt: „Die Wurzel der Freude ist Dankbarkeit. Es ist nicht Freude, die uns dankbar macht – es ist Dankbarkeit, die uns Freude macht."

Gute Gründe also, die eigene Dankbarkeit zu trainieren und die Aufmerksamkeit auf die vielen positiven Momente des Alltags zu richten. Das ist manchmal leichter gesagt als getan, denn durch unser evolutionäres Erbe sind wir darauf gepolt, eher das Negative, die Gefahr zu sehen. Dieses Verhalten sollte uns vor langer Zeit davor bewahren, vom steinzeitlichen Säbelzahntiger gefressen zu werden. Die Gefahren der heutigen Zeit sind andere als damals – Leistungsdruck, Zeitknappheit, die schwierige Balance zwischen Job und Familie. Unser Geist ist noch immer damit beschäftigt, die Umgebung auf Risiken hin abzusuchen. Grundsätzlich ja nicht falsch, aber Angst allein ist ein schlechter Ratgeber. Mit dem Training der eigenen Dankbarkeit verlagern wir unsere Aufmerksamkeit bewusst auf das Positive, das durch unsere Steinzeit-Prägung sonst zu kurz kommen würde.

„Im normalen Leben wird einem oft gar nicht bewusst, dass der Mensch überhaupt unendlich viel mehr empfängt, als er gibt, und dass *Dankbarkeit* das Leben erst reich macht."

Dietrich Bonhoeffer

Mein ganz persönlicher Dankbarkeitsmoment

Mir persönlich ist es lange Zeit schwergefallen, dankbar zu sein. Ich habe vieles einfach für selbstverständlich genommen, so als wäre mir das Leben das Gute schuldig. Meinen ganz persönlichen großen Dankbarkeitsmoment habe ich an einem sonnigen Tag im Juni 2020 erlebt. Mein Mann und ich machten Urlaub in Südtirol und wollten an diesem Tag einen Dreitausender besteigen. Aus ungeklärter Ursache setzte sich auf der Wanderung plötzlich ein großer Stein in Bewegung und klemmte den Fuß meines Mannes ein. Es gab keine Chance, sich allein aus dieser Situation zu befreien. Wir mussten die Bergwacht verständigen, die den Stein mit einem Helikopter hob und meinen Mann ins Krankenhaus flog. Auf dieses Abenteuer hätten wir gut und gerne verzichtet. Trotz allem empfinde ich seit diesem Tag eine tiefe Dankbarkeit. Dafür, dass wir noch mal Glück im Unglück hatten, dafür, dass mein Mann überlebt hat und nicht mit dem Stein in die Tiefe gerissen wurde. Es gab ein Happy End, zum Glück: Mein Mann kann wieder wandern, auch wenn seine Genesung lange gedauert hat. Diese Erfahrung hat mich demütiger gemacht.

Dankbarkeit macht ausgeglichen und gesund

Wie wirkungsvoll das Gefühl der Dankbarkeit ist, konnten Wissenschaftlerinnen und Wissenschaftler anhand verschiedener Untersuchungen nachweisen. Als Meilenstein gilt die Dankbarkeitsforschung der US-Amerikaner Robert Emmons und Michael McCullough. In einer Studie baten die beiden Forscher knapp 200 Teilnehmerinnen und Teilnehmer, einmal pro Woche fünf Dinge in einem Tagebuch aufzuschreiben, für die sie dankbar waren. Zwei Vergleichsgruppen notierten in dieser Zeit negative oder neutrale Erfahrungen. Nach zehn Wochen zeigte sich, dass die erste Gruppe im Vergleich zu den beiden anderen zufriedener und optimistischer war, weniger unter körperlichen Beschwerden wie Kopfschmerzen oder Schwindel litt und bewegungsfreudiger war.

Klares Ergebnis: Eine dankbare Haltung macht uns ausgeglichener, hoffnungsfroher und glücklicher. Denn wir können nun einmal nicht gleichzeitig dankbar und wütend oder ängstlich sein. Dankbarkeit und negative Gefühle sind zwei Antagonisten, die sich gegenseitig ausschließen. Dieses Thema hat daher inzwischen Einzug in die psychotherapeutische Arbeit gehalten, und auch in allen Weltreligionen spielen Dankbarkeitsrituale – man denke nur an das Erntedankfest im Christentum – eine zentrale Rolle.

Die Effekte auf der körperlichen Ebene sind ebenfalls erstaunlich. So haben Wissenschaftler entdeckt, dass Dankbarkeit sich positiv auf die Gesundheit des Herzens auswirkt und den Blutdruck senkt. Im Kontakt zu anderen Menschen kann Dankbarkeit – wenn sie mehr ist als eine reine Höflichkeitsfloskel – wie ein soziales Schmiermittel wirken und Bindungen stärken. Ein guter Grund also, anderen Menschen mal wieder „Dankeschön" zu sagen und so anzuerkennen, dass wir nicht alles aus eigener Kraft schaffen, sondern auf andere angewiesen sind.

„Lasst uns den Menschen dankbar sein,
die uns glücklich machen.
Sie sind die bezaubernden Gärtner,
die unsere *Seelen blühen* lassen."

Marcel Proust

Die kleinen Mosaiksteine des Glücks

Gerade in Zeiten leichter Unzufriedenheit kann Dankbarkeit uns dabei helfen, unsere Laune wieder zu heben und optimistischer zu werden. Das funktioniert allerdings nicht von einem Augenblick auf den anderen. Dankbarkeit lebt davon, dass wir lernen, unseren Fokus auf die kleinen Mosaiksteine des Glücks zu lenken. Das gelingt zum Beispiel durch ein Dankbarkeitstagebuch, in das wir jeden Abend drei bis fünf Dinge notieren, über die wir uns freuen. Noch besser ist es, wenn wir dazuschreiben, was wir selbst dazu beigetragen haben. Entscheidend ist dabei, die Dankbarkeit zu einem Ritual zu machen. Eines kann ich dir dabei versprechen: Je aufmerksamer du durch die Welt gehst, desto mehr Gründe wirst du finden, dankbar zu sein.

Vom Nutzen der Dankbarkeit

Die amerikanische Psychologieprofessorin Sonja Lyubomirsky weiß, warum Dankbarkeit zufrieden macht:

1. Dankbarkeit hilft, positive Erfahrungen besser zu genießen.
2. Dankbarkeit steigert das Selbstwertgefühl.
3. Dankbarkeit hilft beim Umgang mit Stress und schwierigen Situationen.
4. Dankbarkeit fördert moralisches Verhalten.
5. Dankbarkeit kann soziale Bande schaffen.
6. Dankbarkeit verhindert Neid und den Vergleich mit anderen.
7. Dankbarkeit ist nicht vereinbar mit negativen Gefühlen wie Ärger, Eifersucht oder Gier.
8. Dankbarkeit schützt davor, sich allzu schnell an das Gute zu gewöhnen.

Warum es sich für mich persönlich lohnt, mich in Dankbarkeit zu üben: Dankbarkeit öffnet meinen Blick für die Schönheit des Alltags.

Tagebuch der Dankbarkeit

Viele kleine schöne Momente machen in Summe das große Glück. Daher lohnt es sich, solche Augenblicke festzuhalten. In einem Tagebuch kannst du täglich aufschreiben, wofür du dankbar bist. Das müssen keine weltbewegenden Erlebnisse sein: der Anruf einer Freundin, der Vogelgesang am Morgen, die Lesezeit am Nachmittag … Fang doch direkt einmal damit an und notiere auch gleich, was du selbst zu diesen Glücksmomenten beigetragen hast. Vielleicht warst du besonders ausgeruht, aufgeschlossen oder freundlich, hast dir bewusst Zeit genommen, bist mit offenen Augen durch die Welt gegangen …

Ich bin dankbar für …

....

....

....

....

Mein Schnappschuss vom Glück

Falls du lieber fotografierst als schreibst: Gestalte doch ein Foto-Tagebuch. Dafür fangst du die Augenblicke, für die du dankbar bist, mit Smartphone oder Kamera ein. Solche Erinnerungen tragen dich durch graue Tage. Deine schönste Erinnerung kannst du gerne hier über das Beispielfoto kleben.

„Danke dir!"

Vermutlich haben auch andere Menschen ihren Teil zu deinem Glück beigetragen – höchste Zeit, einmal „Dankeschön" zu sagen. An wen denkst du dabei als Erstes? Schreibe diesem Menschen (zum Beispiel deiner besten Freundin, deiner früheren Klassenlehrerin, deinem Kollegen, deinem Partner …) doch einen Dankesbrief, den du am besten persönlich übergibst. Du traust dich nicht? Schon das Schreiben des Briefes hat eine positive Wirkung, dann bewahrst du das Dokument eben für dich oder eine passende Gelegenheit auf.

Eine Spürnase für das Gute

Vieles erscheint uns selbstverständlich, ist es aber nicht. Beweise doch mal deine Spürnase im Alltag und mach dich detektivisch auf die Suche – damit du andere Menschen dabei „ertappst", wie sie dir Gutes tun. Jeder noch so kleine Beitrag zählt.

Memories are made of this

Es tut gut, die Momente, für die du dankbar bist, auszukosten. Für einen meditativen Rückblick setzt du dich an einen ruhigen Ort, erinnerst dich an ein Erlebnis, das dich dankbar stimmt, und erlebst es in der Rolle des Beschenkten noch einmal nach. Am besten schließt du dabei die Augen und lässt das Erlebte vor deinem inneren Auge möglichst lebendig werden. Wie hast du dich gefühlt, was hast du vor dir gesehen, welcher Duft lag in der Luft?

Vom Glück des Handelns

Flow erleben: Wach und entspannt
zur Höchstform auflaufen

Vielleicht kennst du dieses Gefühl: Plötzlich geht dir alles ganz leicht von der Hand, der Alltag scheint Lichtjahre entfernt, du bist hoch konzentriert und die Zeit fliegt nur so vorbei. Nach getaner Arbeit fühlst du dich beschwingt, gut gelaunt und ein bisschen erschöpft, aber auf die angenehme Art. Typischer Fall von Flow, dem völligen Aufgehen in einer Tätigkeit – ein Zustand der Selbstvergessenheit, den Kinder im Spiel so mühelos erleben und der bei Erwachsenen so selten geworden ist. Ich erlebe meinen ganz persönlichen Flow-Moment, wenn ich Bilder male, meinen Kopf ausschalte und mich nur von Farben und Formen leiten lasse. Alles scheint zu fließen – und genau daher stammt der Begriff „Flow", den der amerikanisch-ungarische Wissenschaftler Mihály Csíkszentmihályi geprägt hat.

Die meisten Menschen erleben Flow bei der Arbeit, prinzipiell ist das aber auch bei einem Hobby oder Ehrenamt möglich. Für dieses Glückserleben gibt es drei

Voraussetzungen: ein klares Ziel, eine aufrichtige positive Rückmeldung (im Zweifel auch durch sich selbst!) und die Balance zwischen Anspruch und dem eigenen Können. Anders gesagt: Die Tätigkeit soll fordernd, aber nicht überfordernd sein. Dann laufen wir zur Hochform auf. Das kann jedem gelingen, dem Sportler, dem Künstler, dem Handwerker oder dem Programmierer. Entscheidend ist nur, dass man sich ganz mit einer Sache identifiziert und sich immer mehr in sie vertieft. Je besser man sich mit einer Aufgabe auskennt, desto eher nimmt sie einen physisch oder mental gefangen. Daher lohnt es sich, im Job, Ehrenamt oder Hobby Durchhaltevermögen zu zeigen. Wichtig ist ebenso, im eigenen Tun Sinn zu erfahren. So haben Befragungen von Reinigungskräften in einem Krankenhaus gezeigt, dass diejenigen eher Flow erlebten, die den Patienten den Aufenthalt so angenehm wie möglich gestalten wollten – und nicht nur gedankenlos den Boden wischten.

„Freude entsteht an der *Grenze* zwischen Langeweile und Anspannung, dort, wo Herausforderung und Handlungsfähigkeit im *Gleichgewicht* sind."

Mihály Csíkszentmihályi

Flow steigert Zufriedenheit und Leistung

Auf diese Weise sorgt Flow für ein Gefühl der Zufriedenheit. Doch der Zustand des Versunkenseins kann noch mehr: Er steigert Leistung und Kreativität. Eigentlich ist das kaum verwunderlich: Wer sich in einer Aufgabe verliert, ist maximal konzentriert, ganz bei der Sache und blendet störende Gedanken aus. Die Leistung steigt so nicht nur kurz-, sondern auch langfristig, denn von guten Gefühlen wollen wir in der Regel mehr und sind daher auch bereit, unseren Einsatz zu steigern.

Was kann jeder selbst tun, um in den Flow zu kommen? Entscheidend ist, dass man sich immer wieder herausfordernde Ziele steckt, sich regelmäßige Verschnaufpausen gönnt und sich nicht permanent durch Handy oder Mails ablenken lässt – das gilt gerade im Job. Hilfreich sind auch gute Vorbilder, denn sie reißen andere Menschen mit, wie ein Psychologenteam zeigen konnte: Musiklehrerinnen und -lehrer, die im Flow waren, motivierten ihre Schülerinnen und Schüler unbewusst dazu, selbst besonders hingebungsvoll zu musizieren. Flow ist also ansteckend!

3 Wege zu mehr Flow-Erleben

1. **Wache Entspanntheit:** Flow ist eine Sache des Gehirns. Er geht einher mit einer moderaten Aktivität des sympathischen Nervensystems bei gleichzeitiger Aktivierung seines Gegenspielers, des Parasympathikus. Kurz gesagt: Du fühlst dich wach und entspannt zugleich. Am Vormittag geht es den meisten Menschen automatisch so. Deshalb ist es sinnvoll, dass du fordernde Aufgaben in diese Zeit legst. Den Zustand wacher Gelassenheit erreichst du auch durch leichte Bewegung in Kombination mit Entspannungsübungen.

2. **Attraktive Ziele:** Um Flow zu erleben, muss man seine ungeteilte Aufmerksamkeit auf die betreffende Aufgabe richten. Dafür brauchst du ein erstrebenswertes Ziel, an dem du hinterher deinen Erfolg messen kannst. Wichtig ist direktes Feedback, zum Beispiel durch die Chefin oder den Chef.

3. **Sinnvolle Arbeit:** Die Chance für einen Flow ist dann besonders groß, wenn du deine Tätigkeit als sinnstiftend erlebst. Mache dir bewusst, welchen Beitrag zum großen Ganzen du damit leistest.

Wohin soll's denn gehen?

Warum das Leben eine Richtung braucht und eigene Stärken den Weg weisen

$\mathcal{E}$s sind Lebensgeschichten, die mich immer wieder faszinieren: die von der Marketingfrau, die ihren stressigen Büro-Job an den Nagel hängt und sich fortan auf das Einrichten von Wohnungen spezialisiert; die von der Redakteurin, die das Schreiben aufgibt und sich auf die Planung von Festen verlegt; die von der Bankerin, die die Kreditabteilung gegen ein Atelier tauscht und nur noch malt; die von dem Lehrer, der einen kleinen Buchladen eröffnet. Menschen, die ihre Berufung im Leben gefunden haben, strahlen oft eine Begeisterung aus, die ansteckend wirkt. Und das zeigt auch die Positive Psychologie sehr eindrücklich: Wer ein Ziel verfolgt, das den eigenen Stärken und Vorstellungen entspricht, ist zufriedener mit seinem Leben als Menschen, die verbissen auf dem einmal eingeschlagenen Weg bleiben oder einfach nur in den Tag hinein leben. Oder wie es der österreichische Psychiater W. Béran Wolfe bereits in den 1930er-Jahren formulierte: „Wenn Sie einen wirklich glücklichen Menschen beobachten, dann werden Sie feststellen, dass er ein Boot baut, eine Sinfonie schreibt, seinen Sohn erzieht, Dahlien züchtet oder in der Wüste Gobi nach Saurierknochen sucht."

Natürlich ist es nicht jedermanns Sache, Saurierknochen in der Wüste Gobi zu suchen oder Dahlien zu züchten. Fest steht aber: Unser Leben braucht eine Richtung, die wir hartnäckig auch über Durststrecken hinweg verfolgen, und ein Ziel, das einem inneren Antrieb entspringt. Es hilft nichts, die Ziele anderer zu verfolgen, sie müssen unseren eigenen Werten und Bedürfnissen entsprechen. Erst wenn wir dafür unsere individuellen Fähigkeiten einsetzen können, erleben wir Glück.

Schön und gut, magst du jetzt vielleicht denken, aber ein Kunstatelier macht in der Regel nicht reich. Wer zahlt dann meine Miete und meine Krankenversicherung? Diese Bedenken haben ihre Berechtigung, aber es ist ja auch nicht unbedingt notwendig, dass wir unsere Ziele und Träume in unserem Beruf verwirklichen. Genauso gut können wir sie auch über ein intensives Hobby oder eine nebenberufliche Tätigkeit ausleben. Hauptsache, sie sind Teil unseres Alltags.

Im Japanischen gibt es den Begriff „Ikigai". „Iki" bedeutet „Leben", „Gai" steht für „Wert". Im Deutschen lässt sich das Wort mit „Lebenssinn" übersetzen und meint Berufung oder einfach den Grund, der uns morgens aus dem Bett treibt und uns zu einem erfüllten Leben verhilft.

„Ein Ziel ist ein Traum mit Termin."

Verfasser unbekannt

Auf der Suche nach den eigenen Leidenschaften

Wie finde ich denn nun das, wofür ich jeden Tag gerne aufstehe, und wie kann ich mehr davon in mein Leben holen? Oft lohnt es sich, einmal in die eigene Kindheit zurückzuschauen: Was hast du damals am liebsten gemacht? Bei welchen Tätigkeiten ist die Zeit nur so verflogen? In der Kindheit waren wir noch nicht von Zwängen und wirtschaftlichen Notwendigkeiten belastet, deshalb sind unsere Leidenschaften und Wünsche aus dieser Zeit noch unverfälscht.

Weitere Strategien, die bei der Suche nach der eigenen Berufung helfen können: Stell dir einmal vor, du würdest von einer reichen Tante drei Millionen erben und müsstest fortan nicht mehr arbeiten – wie würdest du deine Tage verbringen, wenn es keinerlei ökonomische Zwänge mehr gäbe? Der Blick weitet sich auch dann, wenn wir unsere eigene aktuelle Lebenssituation verlassen und einmal in die Zukunft reisen, vielleicht zum eigenen 90. Geburtstag: Was soll bei diesem Fest einmal über dich gesagt werden? Was sollte dein Leben geprägt haben? Was würdest du im Alter bedauern, nicht getan zu haben? Es lohnt sich übrigens, die eigenen Überlegungen zu diesen Fragen schriftlich festzuhalten. Denn in der Praxis hat

sich gezeigt, dass es uns eher gelingt, die Ziele zu erreichen, die wir uns aufgeschrieben haben.

Auch diese Fragen können dir dabei helfen, herauszu-
finden, wofür du brennst:

- Was lässt mein Herz höherschlagen?
- Bei welchen Tätigkeiten vergesse ich die Zeit?
- Was fühlt sich leicht an? Was gibt mir Energie?
- Welches Ziel würde ich gern erreichen? Welche
  ersten Schritte werde ich auf meinem Weg dorthin
  unternehmen?
- Auf welche Hindernisse könnte ich stoßen, und wie
  mag es mir gelingen, sie zu überwinden? Wer/was
  könnte mir dabei helfen?

Meine persönliche Bucket List

Der Name „Bucket List" stammt von der englischen Redewendung „to kick the bucket", was wörtlich übersetzt so viel bedeutet wie: „den Löffel abgeben". Eine Bucket List ist also eine Aufzählung all der Dinge, die man in seinem Leben auf jeden Fall noch machen möchte. Was das ist, das kannst du dir nur selbst beantworten, denn jeder Mensch hat andere Vorstellungen von einem erfüllten Leben …

„In 20 Jahren wirst du dich mehr ärgern
über die Dinge, die du nicht getan hat,
als über die, die du getan hast.
Also wirf die Leinen und segle fort
aus deinem sicheren Hafen.
Fang den Wind in deinen Segeln.
Forsche. Träume. Entdecke."

Mark Twain

Meine Bucket List

Klüger entscheiden – mit Herz und Verstand

Wie du eine gute Wahl triffst

*E*s ist eine schier unglaubliche Zahl: 20.000 Entscheidungen treffen wir tagtäglich, sind Wissenschaftler wie der Münchner Hirnforscher Ernst Pöppel überzeugt. Rock oder Jeans? Tee oder Kaffee? Fahrrad oder Auto? Büro oder Homeoffice? Feierabend oder Überstunden? Fernsehabend oder Biergarten? Über viele dieser Entscheidungen müssen wir nicht lange nachdenken, sie gehören für unser Gehirn zur Routine. Daneben gibt es aber die großen Fragen, die uns an den Weggabelungen unseres Lebens begegnen: zur Wahl des Studiums oder der Ausbildung, des Berufs, des Partners, des Wohnorts, nach Kindern, nach den wichtigsten Zielen im Leben … Gar nicht so leicht, da eine Entscheidung – und dann auch noch die richtige – zu treffen! Mit jeder Wahl ist Unsicherheit verbunden – etwa das Risiko eines falschen Entschlusses. Wissen können wir erst im Nachhinein, welche Option ein Glückstreffer war. So formulierte schon der dänische Philosoph Søren Kierkegaard: „Verstehen kann man das Leben nur rückwärts; leben aber muss man es vorwärts."

Ein gutes Leben ist die Summe vieler guter Entscheidungen

Da ist es nur zu verständlich, dass eine Menge Menschen Entscheidungen gern hinauszögern. Es ist aber wichtig, selbstbestimmt zu wählen, denn letztlich ist ein gutes Leben die Summe vieler guter Entscheidungen. Wer sich hingegen von den Erwartungen anderer oder von Zufällen leiten lässt, nimmt auf dem Beifahrersitz seines Lebens Platz. „Der schlechteste Weg, den man wählen kann, ist der, keinen zu wählen. Nicht Fehlentscheidungen, sondern fehlende Entscheidungen machen uns unglücklich", sagt die Theologin und Ordensfrau Dr. Melanie Wolfers.

Doch wie kann es gelingen, entschlussfreudiger zu werden und zudem möglichst die richtigen Entscheidungen zu treffen? Ausschlaggebend ist, sich selbst und die eigenen Werte und Ziele gut zu kennen. Dafür ist es hilfreich, im Alltag immer mal wieder innezuhalten und den Fokus nach innen zu richten. Dann können wir die Signale besser wahrnehmen, die unser Kopf – ebenso wie unser Bauch – aussendet. Beide können uns wichtige Hinweise geben, im Team sind sie die besten Berater. Gut, dass die meisten Menschen bei der Abwägung von Alternativen Verstand und Intuition gleichsam in den Entscheidungsprozess einfließen lassen. Was überwiegt, Kopf oder Herz, ist nicht zuletzt eine Frage des Charakters.

Zu welcher Seite neigst du? Für impulsive Herzmenschen kann es sinnvoll sein, die Gefühle zugunsten des Verstandes etwas zu bremsen, und sich Zeit für eine Entscheidung zu nehmen. Kopfmenschen hingegen sind gut beraten, stärker auf die Signale von Körper und Seele zu achten. Denn das sogenannte Bauchgefühl hat durchaus seine Berechtigung und ist keinesfalls irrational. Vielmehr beruht es auf der Summe bereits gemachter Erfahrungen, die wir teilweise im Unterbewusstsein abgespeichert haben.

Ebenso kann es helfen, für einen guten Rahmen zu sorgen, denn Entscheidungen zu treffen, ist nun einmal Schwerstarbeit. Daher ist es ratsam, sich ausgeschlafen und in guter Stimmung mit den anstehenden Fragen zu beschäftigen. Oft kommen einem die besten Gedanken, wenn man sich bewegt, zum Beispiel bei einem Spaziergang.

Du kannst dich nicht entscheiden? Mal erscheint dir Variante A, dann wieder Plan B attraktiver? Dann kann es helfen, andere Menschen nach ihrer Meinung zu fragen – gerade auch solche, die dir nicht allzu nahestehen. Sie haben den objektiveren Blick und bringen dadurch andere Sichtweisen ein. Oft ergibt sich im Laufe eines Gesprächs neue Klarheit.

„An den *Scheidewegen*
des Lebens stehen
keine Wegweiser."

Charlie Chaplin

95

WRAP: Entscheiden in vier Schritten

Kennst du schon die WRAP-Methode? Die US-amerikanischen Wissenschaftler und Brüder Dan und Chip Heath haben sie entwickelt. Dabei gehst du in vier Schritten vor:

1. W wie „Widen your options": Häufig gibt es nicht nur Wahl A oder B, sondern eine ganze Reihe weiterer Möglichkeiten. Suche deshalb nach Alternativen.

2. R wie „Reality-test your assumption": In diesem Schritt unterziehst du alle sich bietenden Möglichkeiten einem Realitätscheck und holst jeweils Informationen dazu ein.

3. A wie „Attain distance before deciding": Jetzt geht es darum, innerlich Abstand zu gewinnen, zum Beispiel, indem du dich eine Zeit lang bewusst anderen Tätigkeiten widmest.

4. P wie „Prepare to be wrong": Irren ist menschlich – auch falsche Entscheidungen gehören zum Leben. Sie treffen dich weniger hart, wenn du darauf vorbereitet bist. Stelle dir dafür einmal bewusst den schlechtesten Ausgang der Dinge vor.

Ein Patentrezept für richtige Entscheidungen gibt es nicht, auch wenn wir sie noch so sorgfältig vorbereiten. Aber selbst falsche Entscheidungen haben ihre Berechtigung, zumindest wenn es nach Mark Twain geht: „Gute Entscheidungen kommen von Erfahrung – und Erfahrung kommt von schlechten Entscheidungen."

Zurück in die Zukunft

Eine intelligente Entscheidungshilfe verspricht das 10-10-10-Modell, das die US-amerikanische Autorin Suzy Welch erdacht hat. Demnach überlegst du dir, welche Konsequenzen deine Wahl in zehn Minuten (bei großen Entscheidungen: in zehn Wochen), in zehn Monaten und in zehn Jahren hat. Der Zukunftsblick erschließt dir eine Vogelperspektive und gibt dir ein Gefühl für die Tragweite eines Entschlusses.

Kopf über Herz: Den Verstand einbinden

Bei guten Entscheidungen sind Herz und Kopf gefragt. Deshalb ist es so wichtig, neben dem Bauchgefühl auch den Verstand zu befragen. Das geht am besten mit einer Pro- und Kontra-Liste, mit der du die Argumente sorgfältig durchdenkst. Oft gibt schon die Zahl der Argumente wichtige Hinweise für die anstehende Entscheidung. Ebenso können dir Mindmaps helfen: Dafür zeichnest du – ausgehend von der anstehenden Entscheidung in der Mitte – die verschiedenen Alternativen als Äste auf. Davon wiederum zweigen Argumente Pro und Kontra ab. Die Dicke der Äste gibt Aufschluss darüber, wie wichtig dir die einzelnen Argumente sind.

Wer Nein sagt, kann auch aus vollem Herzen Ja sagen

Wie du leichter Grenzen setzt

Nein!

Ich gestehe es gleich: Ich bin eine lausige Nein-Sagerin. Ich liebe Harmonie und will es mir mit niemandem verderben. Nicht mit dem Kellner, der mir ein lauwarmes Essen bringt, nicht mit der Friseurin, die lustlos an meinen Haaren schnippelt, nicht mit der Freundin, die mich wieder mal um einen Gefallen bittet. Zu fast allem sage ich Ja und Amen, nur um das böse Wörtchen Nein zu vermeiden. Ja, ich bin ein People-Pleaser, jemand, der es möglichst allen recht machen will – lieber nett als ehrlich. Auf diese Weise habe ich mir schon so manche Abend-Verabredung eingehandelt, obwohl ich lieber mit einem Buch zu Hause auf dem Sofa geblieben wäre, freiberufliche Aufträge angenommen, für die ich eigentlich gar keine Zeit hatte, und Dates verbracht, bei denen ich Männern scheinbar geduldig zugehört habe, obwohl ich eigentlich „Du Aufschneider!" gedacht habe. Aber damit soll jetzt Schluss sein, ich will endlich lernen, Nein zu sagen. Und es kann ja eigentlich auch nicht so schwer sein, dieses leidige kleine Wort mit den vier Buchstaben auszusprechen.

Wie mir fällt es vielen Menschen schwer, Grenzen zu setzen. Weil wir niemanden vor den Kopf stoßen möchten. Weil wir uns hinterher nicht mit Gewissensbissen quälen wollen. Weil es auch ganz schön ist, Everybody's Darling zu sein. Und weil es leichter fällt, ein halbherziges Ja auszusprechen oder sich in Ausreden und kleine Notlügen zu flüchten.

Doch diese Inkonsequenz hat ihren Preis. Denn wir opfern unsere Energie und Aufmerksamkeit für andere und laufen dabei Gefahr, unsere eigenen Ziele und Bedürfnisse aus den Augen zu verlieren. Ein Ja zu anderen kann eben auch ein Nein zu sich selbst sein. Wer die Hoheit über seine Zeit zurückgewinnen möchte, muss deshalb bereit sein, angemessene Grenzen zu ziehen. Zum Beispiel dann, wenn der Chef immer wieder mit Sonderprojekten um die Ecke kommt. Oder wenn unter Freunden auf Dauer ein Ungleichgewicht entsteht, der eine immer nur nimmt, der andere immer nur gibt.

Das Gute daran: Wer beherzt Nein sagen kann, kann auch aus vollem Herzen Ja sagen. Menschen mit klaren Grenzen können selbstverständlich hilfsbereit, zupackend, großzügig und mitfühlend sein – vielleicht gerade

„Deine *Zeit ist begrenzt.*
Verschwende sie nicht damit,
das Leben eines anderen
zu leben."

Steve Jobs

sie! Denn wenn es sich beim ehrlich gemeinten Ja um eine Entscheidung aus Überzeugung handelt, wird das Engagement umso größer ausfallen.

Zugegeben, am Anfang kostet es Mut und Überwindung, deine eigenen Wünsche so ernst zu nehmen wie die der anderen. Und vermutlich wirst du manchen verwunderten Blick ernten, denn die Menschen in deiner Umgebung müssen sich erst daran gewöhnen, dass du nicht mehr uneingeschränkt Ja sagst. Doch es ist dein gutes Recht, deine eigene Entscheidung zu treffen und dich nicht mehr überrumpeln zu lassen.

Ein guter Trick: um Bedenkzeit bitten. Dann kannst du dir deine Antwort in Ruhe überlegen. Manchmal, wenn Menschen dir nicht allzu nahestehen, reichen knappe Ansagen, wie zum Beispiel: „Entschuldigung, aber heute passt es leider nicht." Wenn dich allerdings eine gute Freundin um Hilfe bittet, kannst du ihr genauer erklären, warum du ihr gerade nicht helfen kannst, oder – noch besser – gemeinsam mit ihr nach einem Kompromiss suchen: „Mein Wochenende ist schon verplant, aber vielleicht können wir abends die Kisten für deinen Umzug packen?" Dann sollte aber auch Verlass auf dich sein.

3 x leichter Grenzen setzen

1. **Diplomatisch antworten:** Bei der Arbeit ist es besonders heikel, Nein zu Sonder-Aufträgen oder Überstunden zu sagen. Deshalb kann es sinnvoll sein, den Ball ins Feld der Chefin oder des Chefs zu rollen. Vorschläge: „Ich kann das gerne übernehmen, welche Aufgabe soll ich dafür abgeben?" Oder: „Wer kann mich bei dieser Tätigkeit unterstützen?"

2. **Selbstwertgefühl stärken:** Gerade Menschen mit einem schwachen Selbstbewusstsein fällt es oft schwer, sich abzugrenzen und eigene Wünsche zu formulieren. Ihnen kann es helfen, einmal alles aufzuschreiben, was ihnen schon gelungen ist und welche Stärken sie besitzen.

Übung: Queen of Selbstbewusstsein

Einmal Queen oder King sein: Eine königliche Körperhaltung sorgt im Handumdrehen für mehr Selbstachtung, verspricht Kommunikationstrainerin Barbara Berckhan. Und das geht so: Stell dir vor, du wärst eine Königin oder ein König. Wenn du einmal ganz bewusst in diese Rolle schlüpfst und besonders würdevoll sitzt, gehst und stehst, strahlst du automatisch Stärke aus. Beinahe wie von selbst richtet sich dein Rücken auf, deine Bewegungen werden fließender, dein Blick sicherer.

3. **Auf Rechtfertigungen verzichten:** Es liegt nahe, ein Nein mit weitschweifigen Erklärungen und Rechtfertigungen zu untermauern. Doch dann entsteht oft ein vermeidbares Drama aus Enttäuschung und Schuldgefühlen. Deshalb: Formuliere deine Absage freundlich, aber klar und in einem selbstverständlichen Ton. Dann nimmt das Gegenüber sie in der Regel besser auf.

„Ein *Nein* aus tiefstem Herzen
ist besser und größer als ein Ja,
mit dem man gefallen oder
– noch schlimmer –
Ärger vermeiden will."

Mahatma Gandhi

Dem Leben Vertrauen schenken

Warum Zuversicht Flügel verleiht

uversicht ist eine starke Kraft. Sie sorgt dafür, dass wir hoffnungsvoll durchs Leben gehen, Mut beweisen und unseren Ängsten trotzen. Für den Buchautor und Zeit-Redakteur Ulrich Schnabel ist sie nichts Geringeres als der Treibstoff des Lebens: „Ohne ein Mindestmaß an dieser Lebensenergie würde ein vernünftiger Mensch keine Kinder in die Welt setzen, zu keiner Reise aufbrechen und vermutlich morgens noch nicht einmal aufstehen können." Zugegeben, unsere Zuversicht wird gerade auf eine harte Probe gestellt, die vergangenen Jahre mit Pandemie samt Kontaktbeschränkungen und Homeschooling, vielen Kriegen, Klimakrise und finanziellen Sorgen waren wirklich nicht leicht. Gemäß einer Allensbach-Umfrage ist der Zukunftsoptimismus der Deutschen im Jahr 2022 auf einen Tiefstwert gesunken – nur noch knapp ein Fünftel der Bürgerinnen und Bürger schaut optimistisch auf die kommende Zeit.

Spielräume gibt es auch in schwierigen Zeiten

Zuversicht bedeutet aber, gerade angesichts größerer Schwierigkeiten nicht den Mut zu verlieren, sondern den Blick zu weiten für die Spielräume, die sich auch in herausfordernden Zeiten immer wieder auftun. Zu diesem Gedanken passt die schöne Äsopsche Parabel von den drei Fröschen, die sich in einer ausgesprochen misslichen Lage befinden: Sie sind in einen Topf Sahne gefallen. Der pessimistische Frosch versucht gar nicht erst, sich zu retten, und ertrinkt. Sein optimistischer Mitstreiter hofft tatenlos auf Beistand durch eine höhere Kraft und geht ebenfalls unter. Nur der zuversichtliche Frosch weiß, dass er sich selbst helfen muss – und kann. Er wird aktiv und strampelt so lange, bis die Sahne zu Butter wird und er sich mit einem Sprung aus der Notlage befreit. Er hat erkannt, dass es selbst im größten Schlamassel immer noch einen Ausweg gibt. Das verhilft ihm zu seiner Rettung.

Wie aber gewinnt man solche Zuversicht? Ein Teil davon ist sicher angeboren; manche Menschen gehen vertrauensvoller, andere skeptischer durch die Welt. Doch vieles haben wir selbst in der Hand. Es ist wichtig, unsere Zuversicht zu stärken, denn sie hilft uns dabei, Energie zu entwickeln und Lösungen zu sehen, während Pessimismus und Angst uns eher lähmen.

Eine zentrale Strategie auf dem Weg zu mehr Vertrauen ins Leben besteht darin, immer wieder die Erfahrung zu machen, dass wir aus eigener Kraft etwas bewirken können. Das kann in Job, Familie oder Ehrenamt geschehen – Hauptsache, wir tun etwas, von dessen Sinnhaftigkeit wir überzeugt sind. Es macht also zuversichtlich, für andere Menschen da zu sein. Umgekehrt stärkt uns auch das Wissen, dass wir uns selbst auf Freunde, Familie, Kollegen oder Nachbarn verlassen können. Enge, vertraute Beziehungen sind eine Quelle der Zuversicht – und deshalb ist es so wichtig, diese zu pflegen.

3 x mehr Zuversicht

1. **Auf Vergleiche verzichten:** Die Freundin wuppt den Familien-Wahnsinn leichter? Der Kollegin geht das Projekt bei der Arbeit müheloser von der Hand? Die Instagram-Welt der anderen scheint glamouröser? Es schwächt die eigene Zuversicht, wenn man zu viel nach rechts und nach links schaut und sich ständig mit anderen vergleicht. Wer dagegen mit sich selbst ins Reine kommt und auch seine Schwächen akzeptiert, geht weniger streng mit sich und anderen um und wird zufriedener.

2. **Mal abschalten:** Das Smartphone ist dein ständiger Begleiter? Es lohnt sich, es öfter mal beiseitezulegen, vielleicht sogar handyfreie Tage einzulegen. Denn all die negativen Informationen, die ständig auf uns einprasseln und oft auf schnelle Sensationen aus sind, können zum Gegenspieler der Zuversicht werden. Lass deinen Geist zur Ruhe kommen.

3. **Für andere da sein:** Wer nur um sich selbst kreist, verliert sich leicht in Sorgen und Grübeleien. Wer sich dagegen für andere Menschen einsetzt, erfährt Selbstwirksamkeit und weitet seine Perspektive. Schon kleine hilfsbereite Gesten im Alltag können Früchte tragen: den Platz im Bus für einen bedürftigen Menschen räumen, jemandem ein ehrlich gemeintes Kompliment machen, den Einkauf für eine ältere Nachbarin oder einen älteren Nachbarn übernehmen …

„Mut steht am Anfang
des Handelns,
Glück am Ende."

Demokrit

Der Zuversichts-Streuer

Er ist das Geheimrezept von Management-Trainerin Sabine Asgodom für mehr Optimismus, Mut und Hoffnung: der Zuversichts-Streuer. Und so geht's: Nimm einen großen Salz- oder Zuckerstreuer, den du mit dem Etikett „Zuversicht" versiehst (alternativ funktioniert das auch mit einem Deckelglas). Diesen Streuer füllst du mit bunten Zettelchen, auf denen du jeweils notierst, was du in deinem Leben schon alles geschafft hast oder was bzw. wer dir in der Not schon geholfen hat. Wann immer dich der Mut verlässt, streust du dir ein wenig Zuversicht über den Kopf – am Anfang buchstäblich, später in Gedanken. Klingt schräg, hilft aber.

Von der Kraft der guten Gefühle

Glücksbringer für den Alltag

Licht, Wasser und Erde: Viel mehr brauchen Pflanzen nicht, um zu wachsen und zu gedeihen. Mit uns Menschen ist es gar nicht so viel anders – auch wir können regelrecht aufblühen und als Persönlichkeit wachsen. Unser Lebenselixier sind gute Gefühle wie Freude, Liebe, Stolz. Wenn wir diese Emotionen wie eine Gärtnerin, wie ein Gärtner hegen und pflegen, tun wir viel für unsere eigene Lebenszufriedenheit. Es gibt also gute Gründe, den positiven Gefühlen bewusst mehr Aufmerksamkeit zu schenken. Und das ist dringend notwendig, denn oft sind wir gedanklich stärker bei den negativen Seiten unseres Lebens.

Aus evolutionärer Sicht war unser sogenanntes katastrophisches Gehirn durchaus sinnvoll, denn wer sich vor einer drohenden Gefahr retten wollte, nahm besser die Beine in die Hand und kümmerte sich nicht um die Blume am Wegesrand. Weil sie wie ein Alarmsignal wirken, nehmen wir auch heute noch negative Gefühle stärker und länger wahr als ihre positiven Gegenspieler. Das kann uns das Leben retten – aber eben auch ganz schön die Stimmung vermiesen.

Doch wir selbst haben es in der Hand, unsere Aufmerksamkeit wie einen Scheinwerfer umzulenken und Gutes bewusst zu genießen. Gelingt uns dies, passiert genau das, was die US-amerikanische Psychologie-Professorin Barbara Fredrickson als „Flourishing" bezeichnet: Wir blühen auf und erleben dabei eine Art Aufwärtsspirale. Positive Emotionen erweitern unsere Denk- und Handlungsspielräume, während negative Gefühle unseren Blickwinkel einschränken. Weil wir offen und optimistisch gestimmt sind, entdecken wir auch neue Chancen – und werden langfristig kreativer und psychisch stärker. Oder wie es Barbara Fredrickson formuliert: „Eine positive Lebenseinstellung macht uns zu besseren Menschen. Indem wir unsere Herzen und unseren Geist öffnen, können wir neue Fähigkeiten, neue Bande, neues Wissen und neue Möglichkeiten unseres Seins entdecken, ausloten und aufbauen."

Die Formel für ein glückliches Leben

Das heißt allerdings nicht, dass wir nur noch mit der rosaroten Brille durchs Leben gehen und „Don't worry, be happy" pfeifen sollten. Denn auch negative Gefühle haben ihre Berechtigung. Entscheidend ist die Dosis. Für ein glückliches Leben gilt nach der US-Professorin die Formel, dass jedes schlechte Gefühl durch mindestens drei gute Gefühle ausgeglichen werden muss. Andere Wissenschaftlerinnen und Wissenschaftler zweifeln zwar daran, dass sich unser Lebensglück so exakt berechnen lässt. Fest steht aber: Wir brauchen spürbar mehr positive als negative Emotionen, um zufrieden durchs Leben zu gehen.

Was wäre gewesen, wenn?
Oder: Die mentale Subtraktion

Du musst bei dieser Überschrift gleich an den Mathe-Unterricht denken? Keine Sorge, die Übung, die Benediktinermönch David Steindl-Rast vorschlägt, um Gutes im eigenen Leben mehr wertzuschätzen, geht ganz leicht: Sie beruht auf dem von der Musikerin Joni Mitchell geprägten Satz: „You don't know what you've got 'til it's gone." – „Du weißt nicht, was du hast, bis es weg ist." Stell dir vor, wie dein Leben ausgesehen hätte, wenn ein wichtiges schönes Ereignis nicht stattgefunden hätte, und schreib dir einige Gedanken dazu auf. Keine Idee, was das sein könnte? Vielleicht das Kennenlernen deiner Partnerin, deines Partners, die Entdeckung deines Lieblings-reiseziels, deine Leidenschaft fürs Fotografieren, Tanzen, Kochen …

„Das *Glück* deines Lebens
hängt von der Beschaffenheit
deiner *Gedanken* ab."

Marc Aurel

Die Segnungen des Tages zählen

Kennst du die Geschichte von der weisen Frau, die die Kunst des Genießens perfekt beherrschte? Sie trug immer eine Handvoll kleiner Kieselsteine in ihrer Jackentasche. Jedes Mal, wenn sie einen glücklichen Moment erlebte, ließ sie einen Stein von einer Jackentasche in die andere wandern. Abends zählte sie dann dankbar die Segnungen, die Glücksmomente ihres Tages. Und das waren oft erstaunlich viele! Vielleicht möchtest auch du zur Glückszählerin, zum Glückszähler werden? Dazu braucht es nur ein bisschen Aufmerksamkeit für die schönen Augenblicke in deinem Alltag … Was sind deine persönlichen Glücksmomente?

12 Anregungen

1. Der Duft von frisch gebackenem Kuchen, noch ofenwarm
2. In der Sommerwiese liegen und das Rauschen der Blätter hören
3. Ein ehrlich gemeintes Kompliment bekommen
4. Am Sonntagmorgen wach werden – und merken, dass man weiterschlummern darf
5. Sich beim Sport richtig auspowern und danach wohlig-erschöpft und frisch geduscht aufs Sofa sinken
6. Zum ersten Mal nach dem Winter im Straßencafé bei einem Cappuccino sitzen
7. Jemanden zum Lachen bringen
8. Die warme Frühlingssonne auf dem Gesicht spüren
9. Das eigene Lieblingslied im Radio hören
10. Sich verlieben (auch mal wieder in den eigenen Partner, die eigene Partnerin)
11. Ein Projekt erfolgreich abschließen
12. Den Wolken beim Ziehen zuschauen

Schlusswort

Geschafft!

Jetzt hast du dich durch zwölf Kapitel zur Positiven Psychologie gearbeitet, dabei wahrscheinlich viel über dich selbst gelernt und dein Leben hoffentlich ein ganzes Stück bunter gemacht. Der Werkzeugkasten für innere Stärke, gute Gefühle, Zuversicht und Gelassenheit ist zu deinem ganz persönlichen geworden. Nun kommt es darauf an, dranzubleiben und das Gelernte fest in deinen Alltag einzubauen. Denn wir Menschen sind Gewohnheitstiere – Routinen versetzen unser Gehirn in eine Art Energiesparmodus. Alles, was für uns so selbstverständlich geworden ist wie Zähneputzen, führen wir mit hoher Wahrscheinlichkeit weiter. Vielleicht wird für dich das Tagebuch der Dankbarkeit, die regelmäßige Me-Time oder das ABC der guten Laune zu solch einem liebgewonnenen Ritual?

Wichtig ist die Wiederholung. Einmal schwänzen? Kein Problem. Mehrmals hintereinander? Dann drohen wir leicht den Anschluss zu verlieren. Deshalb: Einige Minuten am Tag, die nur dir gehören, sollten täglich drin sein. Im Schnitt braucht es 66 Tage, bis sich eine Gewohnheit in unserem Leben etabliert hat, wie die britische Psychologin Phillippa Lally herausgefunden hat. Ab dem 67. Tag wollen wir wahrscheinlich nicht mehr darauf verzichten. Auf diese Weise hilfst du deinem Glück auf die Sprünge. Von Herzen wünsche ich dir, dass es immer an deiner Seite bleibt!

Jutta Oster

Quellenhinweise

Sabine Asgodom: 12 Schlüssel zur Gelassenheit. So stoppen Sie den Stress. München: Goldmann Verlag 2008

Barbara Berckhan: Souverän Nein sagen. Drei Schritte zur klaren Abgrenzung. München: Kösel Verlag 2022

Dietrich Bonhoeffer: Widerstand und Ergebung. Briefe aus der Haft. Gütersloh und München: Gütersloher Verlagshaus 2011

Alain de Botton: Gelassenheit. Zeit für ein gutes Leben. München: Süddeutsche Zeitung Edition 2018

Albert Camus: Hochzeit des Lichts. Heimkehr nach Tipasa. Zürich und Hamburg: Arche Literatur Verlag 2013

Mihály Csíkszentmihályi: Lebe gut! Wie Sie das Beste aus Ihrem Leben machen. München: dtv 2001

Barbara Fredrickson: Die Macht der guten Gefühle. Wie eine positive Haltung Ihr Leben dauerhaft verändert. Frankfurt: Campus Verlag 2011

Wolfgang Krüger: Freundschaft. Beginnen – verbessern – gestalten. Norderstedt: BoD 2015

Sonja Lyubomirsky: Glücklich sein. Warum Sie es in der Hand haben, zufrieden zu leben. Frankfurt: Campus Verlag 2018

Dr. med. Tatjana Reichhart: Das Prinzip Selbstfürsorge. Wie wir Verantwortung für uns übernehmen und gelassen und frei leben. München: Kösel Verlag 2019

Ulrich Schnabel: Zuversicht. Die Kraft der inneren Freiheit und warum sie heute wichtiger ist denn je. München: Pantheon Verlag 2023

Elisabeth Sifton: Das Gelassenheits-Gebet. Erinnerungen an Reinhold Niebuhr. München: Carl Hanser Verlag 2001

Melanie Wolfers: Entscheide dich und lebe! Von der Kunst, eine kluge Wahl zu treffen. Altenberg und München: bene! Verlag 2020